WJS CORSO

WJS

Hagen Schulze

Gibt es überhaupt eine deutsche Geschichte?

CORSO bei Siedler

Wie deutsch war Hermann der Cherusker?

DAS HERMANNS-DENKMAL BEI DETMOLD: WALDUMrauscht, touristenumflutet, ragt in Siegespose, fast dreißig Meter hoch, der Cheruskerfürst; sein Schwert trägt in goldenen Lettern die Inschrift: »Deutschlands Einigkeit meine Stärke, meine Stärke Deutschlands Macht«. Hermann den Deutschen nannte ihn bei der Denkmalsenthüllung 1875 Kaiser Wilhelm I., und als anläßlich der Zentenarfeier 1975 der Historiker Thomas Nipperdey skeptische Bemerkungen über die nationalgeschichtliche Vereinnahmung des cheruskischen Häuptlings und römischen Ritters Arminius fallen ließ, war der Entrüstungssturm nicht nur bei den heimatverwurzelten Lippern enorm. Den anderthalb Millionen Besuchern, die jährlich zu dem Denkmal pilgern, sind die Bedenklichkeiten der Historiker gleichgültig; daß der Bronzekoloß mit ihrer eigenen Vergangenheit zu tun habe, bestätigen Dutzende vaterländischer Gedenktafeln rundum, und jedenfalls die Älteren erinnern sich an Viktor v. Scheffels Lied »Als die Römer frech geworden«, das mit dem Vers endet:

»Und zu Ehren der Geschichten
Tat ein Denkmal man errichten,
Deutschlands Kraft und Einigkeit
Verkündet es jetzt weit und breit:
›Mögen sie nur kommen.‹«

»Sie« – das waren einst die Römer gewesen; später waren es die Franzosen, gegen die der erzene Hermann sein Schwert hob. Und so zieht sich der historische Faden bis in die unmittelbare Gegenwart: Von der »ersten großen Gestalt der germanisch-deutschen Geschichte« spricht der Autor einer neuen, überraschend populären Arminius-Darstellung, und er schlägt auch den Bogen vom Beginn der deutschen Geschichte zur deutschen Zukunft. An Hermann müsse gedacht werden, wenn es um die Überwindung der deutschen Teilung gehe – denn diente nicht auch sein Kampf der deutschen Einheit?[1] Von Hermann dem Cherusker bis Helmut Kohl: Zweitausend Jahre deutscher Geschichte?

Keine Zukunft ohne Geschichte

Nach einem berühmten Wort Ernest Renans besteht eine Nation in dem Bewußtsein, in der Vergangenheit große Dinge gemeinsam getan zu haben und andere in der Zukunft miteinander tun zu wollen. Beides, die Taten der Zukunft und die der Vergangenheit, seien durch ein Band geschichtlicher Kontinuität miteinander verknüpft; deshalb müsse sich eine Nation ihrer Geschichte vergewissern, um die Zukunft gestalten zu können.[2]

Kein Zukunftsentwurf ohne Vergangenheitsbild: Renans Behauptung läßt sich an vielen Beispielen überprüfen. Nicht nur die Naivität, mit der mehr oder minder mythische Gestalten aus grauer Vergangenheit der heutigen Suche nach Identität und Orientierung dienstbar gemacht werden, spricht dafür, sondern auch noch Trivialeres: Automobilkonzerne entwerfen Marktstrategien, indem sie vergangene Erfolge und Mißerfolge analysieren; Generalstäbe befragen ihre historischen Abteilungen, wenn sie Feldzüge vorbereiten – die Aufmarschplanung der israelischen Armee vor dem Siebentagekrieg beruhte auf historisch-geographischen Studien, die bis in alttestamentarische Zeiten zurückgingen: Die Zukunft besitzt, wer aus der Geschichte lernt und frühere Fehler vermeidet.

Je gewaltsamer die revolutionäre Vorwegnahme der Zukunft, je utopischer die politischen Ziele, desto fester die Bindung an eine große, ins Mythische hinüberspielende Vergangenheit: Für Oliver Cromwells Rundköpfe ist Englands Zukunft die Vergangenheit des Alten Testaments; die französischen Jakobiner sehen sich in der Tradition der römischen Republik, ihre Kinder heißen Brutus oder Cato; die bolschewistische Revolution schließlich schlägt den größten Bogen vom Ende der Geschichte zu deren Anfang – das Reich der Freiheit ist die mythische Urgesellschaft auf höherer Stufe: Die Zukunft erkämpft, wer die verlorene Vergangenheit wiedergewinnt.

Institutionen, ob Behörden, Vereine, Familien oder Staaten, versichern sich ihrer Zukunft, indem sie ihrer Vergangenheit gedenken. Die Feier von Jahrestagen, das Gedächtnis großer Persönlichkeiten, die Errichtung von Denkmälern und Museen – eine Kette von Vergangenheitsmarkierungen, die in ihrem kontinuierlichen Zusammenhang bis in die Gegenwart und darüber hinausweisen. Im »Preußenjahr« 1981 ging es um die Streitfrage, ob und wieweit preußische Traditionen für die Zukunft der Bundesrepublik Deutschland Bedeutung besäßen; der Jahrestag der Oktoberrevolution dient den sowjetischen Machthabern zum Anlaß, auch für die Zukunft ihre Treue zu den Grundsätzen Lenins zu beteuern: Die Zukunft gewinnt, wer sich mit Hilfe geschichtlicher Kontinuität orientiert.

Bei den Deutschen hat es damit allerdings seine Schwierigkeiten. Wer beispielsweise am 22. März 1972 die Debatten des Deutschen Bundestags über die mit Polen und der Sowjetunion abgeschlossenen »Ostverträge« der Regierung Brandt als Zuhörer verfolgte, der mußte den Eindruck bekommen, in ein geschichtsphilosophisches Hauptseminar geraten zu sein. Im Mittelpunkt der Diskussion standen nicht Austausch von Botschaftern und die Normalisierung der westdeutschen Beziehungen zu Osteuropa, sondern die Zukunft Deutschlands in Europa: Ging es, wie die christlich-demokratische Opposition forderte, um den Vorrang der deutschen Wiedervereinigung »in den Grenzen von 1937«, was freilich durch die Verträge ein Stück unwahrscheinlicher wurde, oder ging es, wie die Regierungskoalition wollte, in erster Linie um den Frieden und die Entspannung in ganz Europa, auch auf Kosten der deutschen Wiedervereinigungshoffnung? Wollte man noch die Einheit der Nation, oder war das Thema überholt?

Man redete von mehreren möglichen deutschen Zukünften und deshalb auch von mehreren deutschen Vergangenheiten. Vier ganz unterschiedliche Vorstellungen von der deutschen Geschichte beherrschten die Debatte. Der Oppositionssprecher Richard v. Weizsäcker meinte, alle deutsche Politik müsse darauf gerichtet sein, den deutschen Nationalstaat wieder so herzustellen, wie ihn Bismarck 1871 gegründet habe. »Ich meine,« so v. Weizsäcker, anknüpfend an Renans Diktum, »Nation ist ein Inbegriff von gemeinsamer Vergangenheit und Zukunft, von Sprache und Kultur, von Bewußtsein und Wille, von Staat und Gebiet. Mit allen Fehlern, mit allen Irrtümern des Zeitgeistes und doch mit dem gemeinsamen Willen und Bewußtsein hat diesen unseren Nationsbegriff das Jahr 1871 geprägt. Von daher – und nur von daher – wissen wir Heutigen, daß wir uns als Deutsche fühlen. Das ist bisher durch nichts anderes ersetzt.«[3]

Der Widerspruch war vehement und kam aus allen Lagern. Ein Sprecher der SPD verwies auf den Unterschied zwischen Staat und Nation und erklärte, im Bismarck-Staat sei der größte Teil der Nation unterdrückt worden; wer sich auf deutsche Geschichte berufen wolle, um die Zukunft zu gestalten, müsse an die freiheitlichen Traditionen der Bauernkriege, der Aufklärung, der Arbeiterbewegung und des Widerstands gegen Hitler anknüpfen.[4]

Mehrere süddeutsche Redner sahen sich in völlig anderen historischen Zusammenhängen: Deutschland sei eigentlich nichts anderes als ein Bündel aus vielen Staaten, Regionen und Städten, Preußen, Bayern, Württemberg, Sachsen-Coburg-Gotha, Hamburg und vielen anderen, die sich erst sehr spät in ihrer Geschichte und dann auch nur für kurze Zeit zu einem Nationalstaat zusammengeschlossen hätten.[5] Der Sozialdemokrat Carlo Schmid schließlich nannte den deutschen Nationalstaat eine historisch gegebene, aber fast schon überwundene Form der Gemeinschaft, eine Vorstufe auf dem Weg zur Nation Europa.[6]

Zweifel an der deutschen Geschichte

Welch eine sonderbare Debatte, und keineswegs einmalig; Diskussionen über die Frage, was die deutsche Geschichte sei, finden sich immer wieder in deutschen Parlamentsprotokollen. In der Frankfurter Nationalversammlung von 1848 ging es bei der Beratung der deutschen Reichsverfassung um die Grenzen des künftigen Nationalstaats und also um Fragen wie die, wie Welsch-Tirol oder Böhmen in einen solchen Staat passe oder ob Polen nationale Rechte besäße, und zeitweise schienen die Zeitalter Barbarossas oder Karls IV. gegenwärtiger als das 19. Jahrhundert.[7]

Und als die Weimarer Nationalversammlung 1919 über Annahme oder Ablehnung des Versailler Vertrags zu entscheiden hatte, schieden sich die Geister zwischen den unbedingten Anhängern des Nationalstaats von 1871 und einer altpreußisch gesonnenen Minderheit: Die einen waren für die Vertragsunterzeichnung, weil dann immerhin die Einheit des Deutschen Reichs bewahrt würde, die anderen plädierten für die Ablehnung der alliierten Friedensbedingungen und für den Rückzug hinter die Elbe; die Besetzung Westdeutschlands und die Zerschlagung des Reichs durch die Westmächte wollte man in Kauf nehmen.

Wie jung doch der Bismarcksche Nationalstaat noch war: Die Bereitschaft, in der Stunde der nationalen Niederlage den deutschen Westen den Siegern zu überlassen und sich auf die alte Festung Preußen zurückzuziehen, reichte weit über das konservative Lager hinaus. Auch bei dieser Debatte ging es um die Bewertung historischer Vorbilder: War nicht der Freiheitskrieg gegen Frankreich von 1813 und damit die Wiedergeburt der Nation von Tauroggen ausgegangen, dem äußersten östlichen Zipfel Preußens, und von dem Bündnis zwischen Preußen und Rußland gegen den »Erbfeind« im Westen? In einem langen und gelehrten Hin und Her verteidigten und verurteilten die Abgeordneten in der Weimarer Nationalversammlung 1919 die Handlungsweise des preußischen Generals Yorck, als habe dessen Gegner nicht Napoleon geheißen, sondern Foch.[8]

Wo Weichen für die Zukunft der deutschen Politik gestellt werden, da begibt man sich regelmäßig auf die Suche nach der deutschen Geschichte, und regelmäßig endet diese Suche nach langen und akademisch gefärbten Debatten im Ungewissen.[9] Und nicht nur Politiker können sich in dieser Frage kaum einigen; auch Historiker haben ihre Schwierigkeiten mit den Zusammenhängen der deutschen Geschichte. Seit der Ankündigung der deutschen Bundesregierung, in Berlin ein Deutsches Historisches Museum gründen zu wollen, ist in der deutschen Geschichtswissenschaft der Streit im

Gange, was für eine deutsche Geschichte denn ausgestellt werden solle, und auf dem deutschen Historikertag 1986 in Trier fand ein Redner Beifall, als er erklärte, was deutsche Geschichte sei, könne man heute gar nicht mehr sagen; man solle doch lieber chinesische Geschichte ausstellen, da wisse man wenigstens, wovon die Rede sei.[10]

Zweifel am Gegenstand der deutschen Geschichte sind alt; Schiller schreibt 1796: »Deutschland? Aber wo liegt es? Ich weiß das Land nicht zu finden ...«[11] Ein anderer Dichter, Heinrich Heine, kleidet seine Schwierigkeiten mit der deutschen Identität in die Worte: »Wo beginnt das Deutsche? Wo endet es? Man merkt es vielleicht daran, daß ein Deutscher Bier trinkt; tatsächlich muß er als guter Sohn Germanias Bier trinken ...«[12] Und Fürst Metternich, der eigentliche Gründer und Herrscher des Deutschen Bundes, hielt die Behauptung, es gebe eine deutsche Nation, ganz einfach für einen »Mythos« und einen »schlechten Roman«.[13]

Diese Unsicherheit in der Bestimmung der deutschen Identität kontrastiert scharf zum historischen Selbstverständnis von Deutschlands westlichen Nachbarn. Wenn beispielsweise die französische Nation sich in ihrer Geschichte erkennt, dann ist es stets die gleiche Nation und die gleiche Geschichte, es sind die gleichen Daten und Figuren, die gleichen Mythen: Der Faden der Identität zieht sich von den Kapetingern bis in die Gegenwart, ja der französische Staatspräsident nennt den Ort, an dem die gallischen Stämme sich unter Vercingetorix zum Widerstand gegen Rom zusammenschlossen, »*haut-lieu de l'histoire de France*«, einen wichtigen Schauplatz der französischen Geschichte.[14] Charlemagne und die heilige Johanna, der Sonnenkönig und Danton sind lebendige Gegenwart, die *Gesta Dei per Francos* des Guibert de Nogent aus dem 11. Jahrhundert sind Urbild französischen Selbstbewußtseins bis heute, das Andenken an den Bastillesturm von 1789 eint das Volk von den Kommunisten bis zur *Nouvelle Droite*, und selbst die großen Verbrecher, Napoleon, Robespierre, werden zum höheren Ruhm der Grande Nation gerechtfertigt.

Gewiß, es gibt eine große kritische Tradition der französischen Geschichtswissenschaft; kaum ein Heiligtum des historischen Selbstverständnisses Frankreichs, das nicht von französischen Wissenschaftlern entmythologisiert worden wäre, von der Großen Revolution bis zur Resistance, aber das gibt lediglich Stoff für Diskurse, die einen Sommer dauern. Das Bild der Franzosen von ihrer Geschichte ändert sich nicht, die Stichworte, die Epochen, die Namen, die Urteile bleiben unverrückbar, Sedimentgestein im kollektiven Bewußtsein, in dem Einheit und Identität wurzeln.

Das ist, *mutatis mutandis*, das übliche Verhältnis, das die europäischen Völker zu ihrer Geschichte unterhalten, sofern ihnen nicht Diktatoren künst-

Mythische Heldengestalten, feindliche Unterdrücker, geschichtliche Zusammenhänge: Daraus speist sich das Geschichtsbild moderner Nationalstaaten. Nicht nur die Deutschen konstruieren sich auf diese Art ihre Herkunft; wie Hermann der Cherusker auf den Höhen des Teutoburger Waldes, so steht auf den Resten der Festungs-

anlage des alten Alesia das Denkmal des Vecingetorix, der die gallischen Stämme gegen Cäsar zu einigen gesucht und den Römern empfindliche Niederlagen beigebracht hat. Die meisten europäischen Völker haben ihre antiken Freiheitshelden: Auch im Negativen bleibt Rom Ursprung des heutigen Europa.

liche Geschichtsbilder überstülpen. Der Blick nach England ergibt nichts anderes; in diesem Land ist die geschichtliche Identität so selbstverständlich, daß die »Encyclopedia Britannica« dem Begriff »Nation« keine einzige Zeile widmet – das braucht nicht erklärt zu werden. Und selbst Italien, »verspätete Nation« wie Deutschland, erlebt heute noch das *rinascimento*, die Einigungsbewegung des 19. Jahrhunderts, als einen bis in das Mittelalter zurückprojizierten Kampf um die Herstellung der italienischen Nation. Das italienische Geschichtsbewußtsein ist stark genug, um selbst Monumente der faschistischen Ära zu ertragen – der Obelisk jenseits der Milvischen Brücke in Rom trägt immer noch das »Mussolini Dux« in gewaltigen Lettern, ohne Anstoß zu erregen.

Was ist anders mit den Deutschen?

Was ist anders mit den Deutschen? Die Antwort ist leicht zu geben: Ihnen fehlt es, zeitlich gesehen, an Kontinuität, räumlich betrachtet an einer Mitte wie an festen Grenzen. Kein Land in Europa, das so viele Hauptstädte besaß, Aachen, Goslar, Frankfurt, Nürnberg, Prag, Wien, Berlin, Bonn. Nicht einmal ein Raum, in dem sich zentrale Macht entfalten, von dem sie ausstrahlen konnte, existiert hier. Was für Frankreich das Seinebecken, das hätte für Deutschland das Rheingebiet werden können, wenn nicht die politischen Zentren nach Osten hin verschoben worden wären und wenn nicht die ungünstige Verkehrssituation die großen Handelszentren an die Peripherie verlagert hätte, in die Nähe der transalpinen Handelswege oder an Nord- und Ostsee. Weiterhin ist an die unterschiedlichen Rechts-, Kultur- und Bodenbesitzformen zu denken, Ergebnis der römischen Limesgrenze und der mittelalterlichen Elbgrenze, und daran, daß in Mitteleuropa nicht nur germanische, sondern auch keltische und slawische Stämme siedelten. Und abgesehen von ein paar Kilometern Küste gibt es in diesem amorphen Gelände keine dauerhaften Grenzlinien, weder durch die Natur noch durch eine politische Macht geschaffen: »Zuerst stößt man immer auf die Frage nach den Grenzen«, sagt Fernand Braudel, »davon leitet sich alles Weitere ab. Um etwas eine Grenze zu ziehen heißt, es zu definieren, zu verstehen und zu rekonstruieren; darüberhinaus bedeutet es, sich eine bestimmte historische Sichtweise anzueignen.«[15]

Anders als in England und Frankreich, wo sich bereits frühzeitig Keimzellen zentraler Herrschergewalt und damit die Voraussetzung moderner nationaler Staatsorganisation herausbildeten, entwickelten sich in Mitteleuropa zwei politische Strukturen zugleich, die oberhalb und unterhalb einer nationalstaatlichen Organisation standen und die deren Herausbildung entscheidend behinderten: einerseits war da das Heilige Römische Reich, dessen *raison d'être* auf universaler und transnationaler Herrschaft beruhte, und andererseits entstanden aus den Stammesverbänden die Territorialstaaten, deren Stärke und Selbständigkeit in demselben Maß zunahmen, in dem das Reich zu einem machtlosen, fast metaphysischen Gebilde ohne eigene staatliche Gewalt verkümmerte.

Der einzige frühe Versuch, in diesem Raum einen geschlossenen deutschen Staat zu entwickeln, den die Habsburger unter Maximilian I. und Karl V. unternahmen, scheiterte; die deutsche Einheit wurde Opfer von Reformation und Gegenreformation, und während in allen anderen europäischen Staaten der Kampf zwischen den Konfessionen zugunsten der einen oder anderen Seite entschieden wurde, blieb er in Deutschland in der Schwebe, versteinerte gewissermaßen im territorialstaatlichen Prinzip des Cuius-regio-eius-religio und verstärkte so die territoriale Zersplitterung Mitteleuropas durch die religiöse.

Und dieser Zustand blieb bis ins 18. Jahrhundert hinein stabil, denn die »Libertäten«, die Souveränitätsrechte der mehr als dreihundert mitteleuropäischen Territorien und Reichsstädte, wurden seit dem Ende des Dreißigjährigen Kriegs durch einen internationalen Vertrag garantiert, den Westfälischen Frieden von 1648. Seitdem galt die Verfassung des Reichs als Bestandteil des *ius publicum europaeum*, des europäischen Völkerrechts, war also Sache aller europäischen Mächte, und deren größtes Interesse bestand darin, die Entstehung eines modernen Machtzentrums in Mitteleuropa und damit die Gefährdung des Gleichgewichts der europäischen Mächte zu verhindern. Die territoriale Zersplitterung Mitteleuropas überdauerte den Untergang des Römischen Reichs 1806 und die Napoleonische Neuordnung, wurde auf dem Wiener Kongreß 1815 erneut und feierlich zur Grundlage der europäischen Friedensordnung erklärt und endete erst 1871 mit der Gründung des kleindeutsch-großpreußischen Reichs.

»Deutsch« heißt nicht immer Deutsch

Was kann unter solchen Umständen »deutsche Geschichte« heißen? Der Gegenstand einer deutschen Nationalgeschichte, also eine deutsche Nation, bleibt für diesen ganzen Zeitraum undeutlich. Das Wort »deutsch« kommt von »thiutisk«, lat. »teutonicus«, ein Begriff, der sich im 8. und 9. Jahrhundert, von Bayern ausgehend, in Mitteleuropa ausbreitete und einfach »Volkssprache« bedeutete: Keineswegs eine einheitliche Sprache, sondern eine große Vielfalt von germanischen Stammesdialekten, die sich vom gelehrten Latein der Kirche wie von den romanischen und slawischen Sprachen Europas unterschieden. Als politische Bezeichnung des ostfränkischen Reichs findet sich *regnum teutonicum* seit den Tagen Heinrichs I., aber nur als ein Name unter vielen, neben *Germania, Francia, Saxonia, Alamannia, Regnum Germanicum, Regnum Saxonum, Regnum Alamanniae*; erst Gregor VII. hat im 12. Jahrhundert den *rex Romanorum* als *rex Theutonicorum* bezeichnet, um den ostfränkischen Imperator zu einem König herabzustufen wie den der Dänen oder der Franzosen.

Daß die »teutschen Lande«, also jene Teile des Römischen Reichs, in denen das einfache Volk einen deutschen Dialekt sprach, in dem Begriff »Deutschland« zusammengefaßt waren, ergab sich erst im Laufe des 16. Jahrhunderts, als die Humanisten ein Wort suchten, mit dem sie das »Germania« des soeben neu entdeckten Tacitus in die Volkssprache übersetzen konnten. Gewiß läßt sich seit dem Hochmittelalter bei Adel und Klerus das Aufkommen eines deutschen Identitätsbewußtseins, in Abgrenzung etwa gegen Rom oder Frankreich, ausfindig machen – ironischerweise waren es gerade die Kreuzzüge, in deren Verlauf sich starke nationale Gegensätze zwischen den Teilnehmern auftaten. Doch versank dieses »Wir«-Gefühl in dem Maße, in dem das Reich von Reformation und Gegenreformation zerrissen wurde und in dem der aufsteigende moderne Territorialstaat die Loyalität der Untertanen auf sich zog.

Was unter diesen Umständen deutsche Geschichte heißen kann, ist durchaus unklar; auf alle Fälle befaßt sich jede Geschichtsschreibung des Mittelalters, die von »deutscher Geschichte« spricht, fast unvermeidlich mit Reichsgeschichte und also auch mit den Geschichten der nichtdeutschen Völkerschaften des Reichs, mit Böhmen, Langobarden, Polen, Italienern und Burgundern. »Das eigentlich nationale, auf das Volk rekurrierende Interpretationsschema indessen hat für überwunden zu gelten«, faßt ein moderner Mediävist den Forschungsstand zusammen. »Die *gens teutonica* ist zwar nicht nichts, bleibt aber merkwürdig

Die Schwäche und Uneinigkeit der Deutschen ist ein Topos seit dem Mittelalter; daher die Sehnsucht nach dem einigenden Helden. Der sizilische Märchenkaiser Friedrich II., von dem die Sybille sagte: »Er lebt und lebt doch nicht«, wurde schon bald nach seinem Tod 1250 von der Legende in den thüringischen Kyffhäuser versetzt, von wo er in Deutschlands größter Not als Retter wiederkehren wird. Das 19. Jahrhundert verschmolz Friedrich Barbarossa mit ihm; dieses Wandgemälde aus der Goslarer Kaiserpfalz feiert den »Weißbart« Wilhelm I. als auferstandenen »Rotbart«, die Hohenzollern als Traditionsträger der Staufer.

konturlos.«[16] Das gilt, *mutatis mutandis*, für die deutsche Geschichte bis zum 18. Jahrhundert.

In einer Hinsicht allerdings stehen wir auf festerem Boden: Verhältnismäßig früh, bereits seit dem hohen Mittelalter, wurde »deutsch« als Identifizierungsbegriff der Lese- und Schreibkundigen im Gegensatz zu den als undeutsch empfundenen Fremden, Lateinern und Franzosen, benutzt. In dieser Bedeutung erhielt das Wort »deutsch« seinen wirklich dauerhaften Inhalt: Ein Sprach- und Kulturbegriff, der zugleich als Abgrenzungskategorie diente. Das zieht sich von Walther von der Vogelweide über den Humanismus und Luther bis Leibniz und erreichte um die Mitte des 18. Jahrhunderts eine neue Qualität mit dem Aufstieg eines deutschen Bildungsbürgertums, das sich in bewußter Abgrenzung gegen die französische höfische Kultur der Zeit als deutsch empfand und deutsch schrieb.

Erst jetzt gab es in Mitteleuropa oberhalb der Dialekte und Mundarten eine Sprache, die so allgemein war, daß sie mit den herkömmlichen überregionalen Verständigungsmitteln, mit dem höfischen Französisch und dem gelehrten Latein, in Konkurrenz treten konnte. Wer jetzt deutsch schrieb, tat dies nicht nur, weil der bildungsbürgerliche Literaturmarkt dies forderte; er bekannte sich damit auch zur Einheit eines aufgeklärten bürgerlichen Geistes, der über den Territorialgrenzen stand, ohne sich der französischen Adelskultur zu unterwerfen. Nicht mehr »der Affe fremder Moden« sein zu wollen, war ein häufig gebrauchtes Wort, und Justus Möser warf unter allgemeinem Beifall in seiner Schrift »Über die deutsche Sprache und Literatur« Friedrich dem Großen vor, in seinen Abhandlungen nur Abklatsch fremder Meister und also undeutsch zu sein.[17]

Der Begriff »Nation« bezeichnete dagegen im Mittelalter die Großstämme und wandelte sich dann zu einem ständischen Verfassungsbegriff: Die »deutsche Nation« waren die auf dem Reichstag zu Regensburg versammelten Reichsstände, also Adel und Geistlichkeit; das einfache Volk gehörte nicht dazu.[18] Erst in der zweiten Hälfte des 18. Jahrhunderts, mit der zunehmenden bewußten Abgrenzung der Gebildeten gegen das französische Kulturmonopol, kamen die Begriffe auf moderne Weise zusammen; »Nationalgeist«, »Nationalstolz«, »Nationalcharakter« und »Nationalbewußtsein« entstanden jetzt und wurden zu Schlüsselbegriffen der Epoche.

Die auf diese Weise zu sich selbst gekommene deutsche Nation war allerdings ganz und gar Sache des gebildeten Bürgertums, ein reiner Kulturbegriff.[19] »Deutsches Reich und deutsche Nation«, bemerkt Schiller 1797, »sind zweierlei Dinge. Die Majestät der Deutschen ruhte nie auf dem Haupt s[einer] Fürsten ... Sie ist eine sittliche Größe, sie wohnt in der Kultur und im Charakter der Nation, die von ihren politischen Schicksalen unabhängig ist.«[20]

Ein »heiliges Volk«

Es bedurfte der Erschütterung durch die Französische Revolution, durch die Revolutionskriege, durch den Untergang des Alten Reichs im Jahre 1806, durch den Zusammenbruch des tönernen Giganten Preußen auf den Schlachtfeldern von Jena und Auerstedt und durch die Napoleonische Okkupation, um den Bewohnern mitteleuropäischer Staaten wie Bayern, Sachsen, Württemberg, Lippe-Schaumburg, Sachsen-Coburg-Gotha oder Reuss ältere Linie das Gefühl ihrer deutschen Identität, ihrer nationalen Zusammengehörigkeit zu geben. Aber das war einstweilen ein durchaus im Negativen wurzelndes Bewußtsein, geboren in der Feindschaft gegen den französischen »Erbfeind«, gegen das »korsische Ungeheuer«.

Selbstdefinition durch Feindmarkierung: Das ist seither eine Konstante deutscher Identität. Die französische Zivilisation, die seit Jahrhunderten die führende Europas gewesen war, die höfische Kultur der hundertfachen deutschen Residenzen bestimmt hatte, fiel jetzt, zugleich mit der territorialen Zersplitterung und dem antinationalen Duodez-Fürstentum, dem haßerfüllten Verdikt der deutschen Patrioten anheim. Die glänzende Kultur der deutschen Romantik war in wesentlichen Zügen antifranzösisch, und das hieß – *cum grano salis* – antirationalistisch, antiaufklärerisch, antidemokratisch und, da sich in den verhaßten Ideen der Französischen Revolution ein wesentlicher Teil westeuropäischer Philosophie und politischer Entwicklung versammelt hatte, überhaupt antiwestlich. Einer der großen Außenseiter der deutschen Dichtung, Christian Friedrich Grabbe, hat die Entstehung der Mechanik von »Erbfeindschaft« und nationalem Selbstgefühl ironisch ins Jahr 9 n.Chr. verlegt:

Hermann: Deutschland!

Einige in seinem Heer: Er spricht oft davon. Wo liegt das Deutschland eigentlich?

Einer: Bei Enger, wie ich glaube, oder irgendwo im kölnischen Sauerlande.

Zweiter: Ach was! Es ist chattisches Gebiet.

Hermann: Und kennst du deinen Namen nicht, mein Volk?

Stimmen: O ja, Herr – wir sind Marsen, Cherusker wir – wir sind Brukterer, Tenkterer –

Hermann: Schlagen wir jetzt und immer nur gemeinsam zu und die verschiedenen Namen schaden nicht. (Für sich) Ich muß mit geringeren aber näheren Mitteln wirken. (Laut) Grüttemeier, deine beiden schwarzen Ochsen – denkst du noch an sie?

Grüttemeier (Tränen in den Augen): Jawohl, mein Vater empfahl sie mir im Sterben.

Hermann: Eine Manipel stürmte in dein Haus, schlachtete, briet und fraß sie und gab dir nichts ab!

Grüttemeier: Abgeben? Was von dem Fraß übrig blieb, traten sie mit den Füßen, oder schmissen's an die Wand. Ich hätte auch nichts davon essen mögen.

Viele Deutsche: Wie dem ging's uns! ...

Hermann: Denkt der in des Kaisers Namen gestohlenen Runkelrüben und seiner Sachwalter, Advokaten und, schlimmer als beide, seiner Gesetze und Richter!

Die Deutschen: Ha! (Sie stürzen mit einem furchtbaren Anprall auf die Römer)[21]

Seit Napoleon wissen die Deutschen, was sie nicht sind – aber was sind sie? Seit selbst der Name des Reichs 1806 untergegangen war, fehlte jedes einigende Band. Eins der meistgesungenen Lieder, in gewisser Hinsicht die erste deutsche Nationalhymne, war Ernst Moritz Arndts Vaterlandslied von 1813:

»Was ist des Deutschen Vaterland?
Ist's Preußenland, ist's Schwabenland?
Ist's, wo am Rhein die Rebe blüht?
Ist's, wo am Belt die Möve zieht?
O nein! Nein! Nein!
Sein Vaterland muß größer sein!«

In seinem strophenreichen Lied nennt Arndt Provinz für Provinz, in aller Unschuld auch »Ist's Land der Schweizer? Ist's Tirol?«, und er kommt zu dem Schluß:

»So weit die deutsche Zunge klingt
Und Gott im Himmel Lieder singt!
Das soll es sein!
Das, wack'rer Deutscher, nenne Dein!«

Daß Gott hier im Dativ steht, sei am Rande bemerkt.

Deutschland blieb also ausschließlich durch Sprache und Kultur definiert; die neuentdeckte deutsche Nation besaß keine Grenzen und kein Staatswesen, denn der »Deutsche Bund«, den die europäischen Staatsmänner 1815 in Wien aus der Taufe hoben, war noch ganz im transnationalen Sinn erdacht, ihm gehörten unter anderen die Souveräne von Großbritannien, Dänemark und der Niederlande an. Das letzte Mal in der Geschichte Europas konnten die Staatsmänner eine vernünftige Politik des Interessenausgleichs und der Friedenssicherung betreiben, ohne daran von Massenleidenschaften und Völkerhaß gehindert zu werden. So blieb die Verfassung Mitteleuropas Sache aller Mächte des Kontinents, und die Nationalidee galt als revolutionäres, als zerstörerisches Prinzip.[22]

Da also die Gegenwart der neuerwachten nationalen Idee keine Anhaltspunkte gab, wurde die deutsche Nation aus der Geschichte in Form einer utopischen Projektion begründet.

Und es fanden sich viele Geschichten, aus denen die nationale Zukunft Deutschlands legitimiert werden konnte. Da waren zunächst die Griechen, von Winckelmann bereits um die Mitte des 18. Jahrhunderts neu entdeckt und seither als den Deutschen wesensähnlich gedacht. Waren nicht in der Antike Griechen und Römer, was jetzt Deutsche und Franzosen waren? Stand nicht damals wie heute auf der anderen Seite ein hegemonialer Machtstaat, rational und effektiv verwaltet und organisiert, zivilisiert, aber ohne wirkliche Kultur und ohne Geist, während im Osten zwar ein machtloser staatlicher Wirrwarr herrschte, aus dem aber Geist und Humanität vielfältig erblühten? »Kennst du Minervens Volk?« fragte Hölderlin und gab die Antwort:

»Noch lebt's! Noch waltet der Athener
Seele, die göttliche, still bei den Menschen«

– gemeint sind die Deutschen; und Wilhelm v. Humboldt beschrieb 1807 in seiner »Geschichte des Verfalls und Untergangs der griechischen Freistaaten« die Ähnlichkeit Griechenlands und Deutschlands. Für Friedrich Ludwig Jahn, der die deutsche Jugend zum Turnen aufrief, um sie tüchtig zu machen für den Kampf gegen Frankreich, waren die Deutschen wegen ihrer Ähnlichkeit mit den Griechen ein »heiliges Volk«,[23] und nicht zufällig erhielt das erste große deutsche Nationaldenkmal, die »Walhalla« bei Regensburg, in grellem Kontrast

Bei aller technischen Fortschrittlichkeit der Zeit bildete sich das Nationalgefühl der Deutschen an rückwärtsgewandten Träumen. Der Kölner Dom, jahrhundertelang unvollendet, wurde im 19. Jahrhundert als Nationaldenkmal fertiggestellt, zwanzig Jahre nach dem Bau der Kölner Eisenbahnbrücke; der gotische Stil galt als ursprünglich deutsch; Heinrich Heine nannte den Kölner Dom ein »steinernes Nibelungenlied«, und noch Theodor Heuss sprach 1952 von einer »Fluchtburg der deutschen Seele«. Tatsächlich gab die Kathedrale von Amiens das Kölner Vorbild ab.

zu ihrem nordisch-nebelhaften Namen die Form des Athener Partenons.

So war denn auch einer der größten Bucherfolge des 19. Jahrhunderts Johann Gustav Droysens 1833 erschienene Biographie Alexanders des Großen: die Erzählung vom Reich im Norden Griechenlands, halb barbarisch noch, aber befähigt, mit harter Hand im kleinstaatlichen Chaos des Südens Ordnung zu schaffen. Das so geeinte griechische Reich bildet die Grundlage für Alexanders traumhaften Zug nach Osten, für die Umgestaltung Asiens im Zeichen einer griechischen, einer höheren Humanität. Droysens Alexanderbuch stand in fast jeder bürgerlichen Bibliothek, und jedermann verstand: Mazedonien war Preußen, Griechenland Deutschland, Asien Europa. In Bismarck sollte dann das Bürgertum Alexander wiedererkennen, sein Aufstieg war durch die Geschichtswissenschaft des 19. Jahrhunderts vorgebahnt.

Die überlegene, humanistische deutsche Kultur, die im Nationalstaat ihre Vollendung finden sollte, war eine der großen nationalen Geschichtsideologien; eine andere war die des deutschen Volks. Bereits im vorangegangenen Jahrhundert hatte Johann Gottfried Herder nicht Staaten oder Nationen, sondern die Völker zu den natürlichen Sozialindividuen erklärt; der Geist eines Volkes ist göttlichen Ursprungs und manifestiert sich in der Volkssprache.[24]

So war das Volk, bisher ein verächtlich gebrauchter Name für die Masse der Untertanen, auf einmal von einer romantischen, wenn nicht sakralen Gloriole umgeben, und Dichter und Gelehrte wetteiferten darin, alte Heldenlieder und Volksmärchen zu sammeln, um dem Geist des Volks auf die Spur zu kommen. Hinzu trat der ganz andere, rational-politisch bestimmte Volksbegriff der Französischen Revolution: Das Volk in Gestalt des dritten Stands als einzige Verkörperung der Nation und legitimer Souverän seiner selbst.[25] Beides, romantisches und politisches Volkspathos, flossen in Deutschland ineinander; Johann Gottlieb Fichte hielt im Winter 1807/1808 im französisch besetzten Berlin seine »Reden an die deutsche Nation«, in denen das deutsche Volk als das ursprüngliche, das unverfälschte Volk hervortritt, das gegen die militärische und mehr noch gegen die kulturelle Unterjochung durch das minderwertige französische Volk um seine Freiheit und Identität kämpft und dabei im Dienst eines höheren geschichtlichen Auftrags handelt.[26]

Das deutsche Volk, das also erst jetzt entdeckt worden war, über tausend Jahre nach dem *gens anglorum*, dem englischen Volk des angelsächsischen Chronisten Beda, stand zunächst im Dienst einer oppositionellen, liberalen Zukunftsidee. In Heinrich Ludens zwölfbändiger »Geschichte des Teutschen Volkes«, die 1825 zu erscheinen begann, ist das Volk diejenige Instanz, vor deren Richterstuhl alle staatlichen Institutionen sich zu rechtfertigen haben; Ludens Zukunftsvision ist folgerichtig jenes »Volkskaisertum«, das die Liberalen der Revolution von 1848 verwirklichen wollten, der demokratische Staat mit monarchischer Spitze.[27] Aber Ludens Rede vom deutschen Volk ist so zweideutig wie schon vorher diejenige Fichtes: Das deutsche Volk ist von allen Völkern das tüchtigste, und seine Kultur steht am höchsten.

Diese Idee war nicht grundsätzlich neu; bereits im Zeitalter des Humanismus hatten Schriftsteller wie Ulrich v. Hutten und Johannes Wimpfeling unter Berufung auf Tacitus' »Germania« die Tugend der Germanen und ihrer Nachkommen der römischen Dekadenz und Sittenverderbnis gegenübergestellt.[28] Diese Idee wurde nun im frühen 19. Jahrhundert wieder aufgegriffen; das deutsche Volk erscheint in direkter Nachfolge des germanischen Volks, und alle guten Eigenschaften, die Tacitus bei den Nordvölkern gefunden haben will, finden sich jetzt bei den Deutschen wieder: Treue, Sittsamkeit, Enthaltsamkeit, Tapferkeit, Einfachheit, alles das im Kontrast zu den verdorbenen Sitten der französischen Nachbarn. Daß die Deutschen neben den germanischen auch slawische und keltische Vorfahren besaßen, störte dabei ebensowenig wie die Tatsache, daß, wie Johannes Haller einmal bemerkte, die erfolgreichsten Germanen der Geschichte keineswegs die Deutschen, sondern die Engländer waren.

In dieser germanozentrischen Verengung der

Volksidee steckt bereits jener Virus, der dann, ebenfalls schon bei Heinrich Luden, durch die Behauptung aktiviert wurde, nicht die Sprache sei das eigentlich Gemeinsame eines Volks, sondern das Blut. Damit war eine Argumentationsebene beschritten, die weit von jeder geschichtswissenschaftlichen Begründbarkeit fortführte, über die Rassentheorien eines Grafen Gobineau und eines Houston Stewart Chamberlain zu den Wahnideen eines Adolf Hitler.

Eine große Totenbeschwörung

Zunächst allerdings erwies sich eine andere Geschichtsperspektive als erfolgreicher. Wenn auch die oppositionellen Kräfte in Deutschland vielfältig gespalten waren, in Liberale, Demokraten, Republikaner, Sozialisten, Protestanten, Katholiken, so gab es doch eine Zukunftsvision, die gerade deshalb, weil sie vage, vieldeutig und mit vielen unterschiedlichen Inhalten zu füllen war, mehr als zwei Generationen lang alle Kräfte der Veränderung, der Reform und der Revolution miteinander verband: Das war die Utopie vom Nationalstaat aller Deutschen.

Selbstverständlich war das keineswegs. Wenn auch seit dem Zeitalter der Humanisten die deutsche Zersplitterung oft beklagt worden war, so hatte als Abhilfe durchaus nicht ein nationalstaatlicher Zusammenschluß in der Art Frankreichs oder Englands, sondern eine Stärkung der Fürstensolidarität, eine entschlossenere Unterstützung des Kaisers gegolten; nicht die territoriale Zersplitterung des Reichs hielt man für das Übel, sondern den Egoismus der Herrschenden. Die Vielfalt der Herrschaften, Residenzen und Verfassungen des Reichs galt als Vorzug; despotischer Machtausübung, so faßte es Christoph Martin Wieland zusammen, sei aus diesem Grund ebenso eine Grenze gesetzt, wie die natürliche Vielfalt der Sitten und Gebräuche, aber auch der Theater und Universitäten Kultur und Humanität beförderten, und auch der Wohlstand sei auf diese Weise gleichmäßiger verteilt als in Staaten, in denen sich der gesamte Nationalreichtum an einem Ort konzentriere.[29]

Daß die Deutschen als unerschütterliche Individualisten nicht geeignet seien, in einem einheitlichen Nationalstaat zu leben, galt im 18. Jahrhundert als Axiom; noch Wilhelm v. Humboldt sah hierin die entscheidende kulturelle Überlegenheit Deutschlands vor Frankreich begründet, und aus einem weiteren Grund war für ihn eine zentrale deutsche Staatsgewalt von Übel: »Niemand könnte dann hindern, daß nicht Deutschland ... auch ein erobernder Staat würde, was kein ächter Deutscher wollen kann; da man bis jetzt wohl weiß, welche bedeutende Vorzüge in geistiger und wissenschaftlicher Bildung die deutsche Nation, solange sie keine politische Richtung nach außen hatte, erreicht hat, aber es noch unausgemacht ist, wie eine solche Richtung auch in dieser Rücksicht wirken würde.«[30] Als der preußische Staatsminister Humboldt dies bald nach den Freiheitskriegen schrieb, stemmte er sich allerdings schon gegen den Geist der Zeit; alle fortschrittliche Regung, aller Widerstand gegen das System Metternich, aller liberale Protest gegen den politischen Stillstand und gegen die reaktionäre Demagogenfurcht des Deutschen Bundes stand fortan unter der Forderung nach der Schaffung des deutschen Nationalstaats, einig nach innen, stark nach außen.

Auf der Suche nach einem Geschichtsbild, das den Traum vom künftigen Staat aller Deutschen historisch zu befestigen und zu legitimieren vermochte, lag es nahe, in die unmittelbare Vergangenheit zurückzublicken. Da war Preußen, der modern organisierte Machtstaat, der mit seinem Aufstieg von einem drittrangigen Territorialstaat zur europäischen Großmacht im Laufe des 18. Jahrhunderts bewiesen hatte, daß das starre System der europäischen Staatenwelt und ihres Gleichgewichts durchbrochen werden konnte, und das im Widerstand gegen Napoleon und als Vormacht im Befreiungskrieg von 1813 seinen Anspruch auf die Führung in Deutschland bekräftigt hatte. Da war vor allem der Mythos des Großen Königs, des »Weisen von Sanssouci«, der einer Welt von Feinden standgehalten und mit seinen Siegen über Russen und Franzosen das Beispiel eines deutschen Helden gestiftet hatte.

Eine ganze Generation politischer Historiker rückte jetzt in die deutschen Hochschulen ein, Dahlmann in Bonn, Häusser in Freiburg, Duncker und Treitschke in Berlin, Droysen in Jena, Sybel in München: allesamt Liberale, überzeugt von der deutschen Sendung Preußens und von der Verderblichkeit Österreichs und des süddeutschen, des »antinationalen« Katholizismus. Diese Männer

Auch die deutsche Geschichte ist eine Geschichte der Sieger; sie läse sich heute anders, wäre nicht die hannoversche Armee nach ihrem Sieg bei Langensalza am 27. Juni 1866 von preußischen Truppen eingeschlossen und zur Kapitulation gezwungen worden. Seither sind die Welfen die schwarzen Schafe des deutschen Geschichtsbilds, von Heinrich dem Löwen, dem Widersacher Barbarossas, über Kaiser Otto IV., der 1214 bei Bouvines die Schlacht und die Reichsinsignien verlor, bis zu dem blinden Georg V., König von Hannover, dem Krone und Land von Bismarck genommen wurden.

hielten es nicht mehr mit Leopold v. Ranke, der der Geschichte rundweg die Berechtigung abgesprochen hatte, der Gegenwart Lehren zu erteilen; sie machten Politik als Abgeordnete in Parlamenten, als Mitarbeiter der führenden Zeitungen, als Hochschullehrer – »Kathederpropheten«, wie Max Weber später über Treitschke sagen sollte – und vor allen Dingen als Historiker, die das Geschichtsbild der Deutschen formten. Anders als die meisten Liberalen Westeuropas erblickten sie im Staat nicht nur das natürliche Ergebnis historischer Kräfte, sondern auch den Träger ethischer Werte, ohne welche Kultur und Sittlichkeit nicht möglich waren, und dieser Staat schien sich ihnen nirgendwo in so reiner Form zu verkörpern wie in Preußen,[31] wie Droysen in seiner 1855 begonnenen »Geschichte der Preußischen Politik« erklärte: Seit dem 15. Jahrhundert, behauptete er, hätten die preußischen Herrscher im Bewußtsein der deutschen Sendung Preußens eine immer gleichbleibende politische Linie verfolgt, und aus dieser historiographisch mehr als zweifelhaften These zog er die Schlußfolgerung, daß die Vollendung des deutschen Nationalstaats durch Preußen zum Plan der »göttlichen Weltordnung« gehöre.[32]

Noch mehr Wirkung allerdings entfalteten die Popularisierungen derartiger historischer Weltbilder, die in hunderttausendfachen Auflagen in die Bevölkerung strömten, allen voran Franz Kuglers »Geschichte Friedrichs des Großen« mit den Illustrationen von der Hand Adolph v. Menzels aus dem Jahre 1841. Das Flötenkonzert von Sanssouci, der Alte Fritz zu Pferde – das waren archetypische Bilder, eingegraben in die Herzen der protestantischen Deutschen vom Adel bis zur Arbeiterschaft, Bilder, die die Entscheidungen auf den Schlachtfeldern von Königgrätz und Sedan vielleicht nicht weniger beeinflußt haben als die Kriegskunst des preußischen Generalstabs.

Aber die preußische Geschichtsperspektive besaß einen Fehler: Sie erfaßte im wesentlichen den protestantischen Teil Deutschlands, schloß den katholischen Süden, vor allen Dingen Bayern und Österreich, aus. Von Potsdam führte deshalb ein gerader Weg zurück in die strahlenden Nebel eines mehr erträumten als wirklichen Mittelalters, denn dort glaubten Generationen deutscher Historiker zu finden, was man in der Zukunft wieder haben wollte: Ein deutsches Kaiserreich voller Glanz und Macht, dessen Krone über den anderen Herrschern Europas steht. Der Freiherr vom Stein hatte das bereits in seiner Denkschrift vom 18. September 1812 gefordert: »Deutschland bildete im 10., 11., 12. und 13. Jahrhundert ein mächtiges Reich ... Statt die deutsche Verfassung des Westfälischen Friedens wiederherzustellen, würde es dem allgemeinen Besten Europas und dem besonderen Deutschlands unendlich angemessener sein, die alte Monarchie wiederherzustellen.«[33] Die Idee war populär; dazu trug der archetypische Revolutionsschrecken bei, der das bürgerliche 19. Jahrhundert prägte und der die Sehnsucht nach einer gesellschaftlich wie geistig scheinbar heilen und sicheren Welt des Mittelalters schürte. Max v. Schenkendorf, der Lyriker der Freiheitskriege, dichtete:

»Deutscher Kaiser! Deutscher Kaiser!
Komm zu rächen, komm zu retten,
Löse Deiner Völker Ketten,
Nimm den Kranz, Dir zugedacht!«

Die deutsche Zukunft war das deutsche Mittelalter; Schenkendorfs deutscher Kaiser war nicht der Habsburger in Wien, sondern Kaiser Barbarossa, der Hohenstaufe, der im Kyffhäuser saß und in Deutschlands größter Not wiederkehren würde, um die einstige Größe der Deutschen zu erneuern.

Die Geschichte des Mittelalters wurde zur nationalen Leidenschaft. Freiherr vom Stein gründete die »Monumenta Germaniae Historica«, die Sammlung deutscher mittelalterlicher Schriftquellen, ein bis heute nicht abgeschlossenes Riesenwerk. Das Nibelungenlied, die »teutsche Ilias«, begann seinen Siegeszug als Denkmal deutscher Nationaldichtung; Johannes Voigts »Geschichte des Deutschen Ordens«, Friedrich v. Raumers »Geschichte der Hohenstaufen und ihrer Zeit«, Heinrich Stenzels Werk über die fränkischen Kaiser, alle in den zwanziger Jahren des vorigen Jahrhunderts erschienen, erlebten enorme Auflagen, das gebildete Bürgertum las sie wie vordem galante

Romane. Die Krönung des Mittelalterbilds lieferte Wilhelm Giesebrecht mit seiner seit 1855 veröffentlichten sechsbändigen »Geschichte der deutschen Kaiserzeit«. Die Zeit der mittelalterlichen Kaiser, so schrieb er im Vorwort, war die Periode, »in der unser Volk, durch Einheit stark, zu seiner höchsten Machtentfaltung gedieh, wo es nicht allein frei über sein Schicksal verfügte, sondern auch anderen Völkern gebot, wo der deutsche Mann am meisten in der Welt galt und der deutsche Name den vollsten Klang hatte«.[34]

Die Wirkungen, die von diesem Mittelalterbild ausgingen, können kaum überschätzt werden. Kein Bereich der gehobenen wie der populären Kultur, der davon nicht tief durchdrungen wurde; Lyriker und Romanciers wetteiferten darin, ein romantisch-heroisches Mittelalterbild zu entwerfen, in dem strahlende Kaiserherrlichkeit und eine alle Klassen des Volks umfassende, christliche Frömmigkeit und Einfachheit herrschten, ohne Konflikte und Gegensätze; das Böse kam stets von außen, als römische Intrige oder französische Sittenverderbnis. Dieses Bild wurde von Dichtern, Dramatikern und Opernkomponisten aufgenommen; die Romane der Zeit wie Arnims »Kronenwächter«, Tiecks »Heinrich von Morungen«, Hauffs »Lichtenstein« oder la Motte-Fouqués »Zauberring« transportierten die Hoffnungen und Wunschträume des 19. Jahrhunderts in die Stauferzeit. Opern wie Carl Maria v. Webers »Freischütz« oder Richard Wagners

»Meistersinger« waren so volkstümlich wie heute Broadway-Musicals, und die Fülle der allenthalben in Deutschland entstehenden Nationaldenkmäler, vom endlich fertiggestellten Kölner Dom über den Remter der westpreußischen Marienburg bis zu Schinkels Kreuzberg-Denkmal bei Berlin waren in gotischem Stil errichtet, von dem man annahm, er sei der eigentliche deutsche Baustil, zu dem man jetzt zurückfinden müsse.[35]

So kam es, daß der lang ersehnte deutsche Nationalstaat von 1871 weitgehend aus dem Geist dieses Mittelalterbilds entworfen war. Der erbliche Bundespräsident des neuen Staats nannte sich Kaiser, obwohl ihn nicht die geringsten Bezüge mit dem letzten Römischen Kaiser, mit Franz II., verbanden; der neuerstandene Deutsche Bund nannte sich Reich und hatte doch mit dem transnationalen und religiösen Wesen des Heiligen Römischen Reichs nichts zu tun. Die Propagandisten des neuen Reichs nannten Wilhelm I. »Barbablanca«; der weißbärtige Preußenkönig sollte als Verkörperung Friedrich Barbarossas gelten,[36] obwohl Wilhelm I. selbst nie daran gedacht hatte, ein Reich zu errichten, und den Tag von Versailles für den unglücklichsten seines Lebens hielt, weil an diesem Tag das alte Preußen zu Grabe getragen worden sei. Sein Sohn, der liberale Hunderttagekaiser Friedrich III., dachte da viel zeitgemäßer; er wollte Friedrich IV. genannt werden, weil ihn nach der Zählung der alten Kaiser verlangte, und sein Nachfolger, der in jeder Hinsicht unglückliche Wilhelm II., nahm sich ein Beispiel an der Weltpolitik Ottos des Großen und glaubte, daß die mittelalterliche Universalität des Reichs den deutschen Imperialismus des beginnenden 20. Jahrhunderts legitimiere.[37] Das Selbstbildnis des Deutschen Reichs von 1871, das zur führenden industriellen Macht Europas aufstieg, das an wirtschaftlicher und wissenschaftlicher Modernität kaum seinesgleichen hatte, war eine große Totenbeschwörung.

Was an diesem historischen Weltbild aus heutiger Sicht so fasziniert, das sind nicht nur seine politischen Auswirkungen. Historische Gegenwartslegitimation in diesem Stil war eigentlich keine deutsche Besonderheit, sondern europäisches Gemeingut des 19. Jahrhunderts; französische, italienische, polnische, tschechische, griechische Historiker taten nichts anderes, wenn es darum ging, die Zukunft ihrer nationalen Ambitionen durch die Konstruktion unmittelbarer Traditionslinien ins Mittelalter oder in die Antike zu untermauern, und in manchen Fällen, wie im Fall der Griechen oder der slawischen Nationen, war die Künstlichkeit und Unwirklichkeit dieser Versuche mit den Händen zu greifen. Aber anderswo, so in Frankreich und England, war die historische Kontinuität zurück bis ins frühe Mittelalter gesicherte Wirklichkeit, und selbst bei Griechenland oder Italien war der kulturelle, zumindest aber der geographische Rahmen tatsächlich gegeben. Für Deutschland traf das alles nicht oder in weitaus geringerem Maße zu. Daraus ergab sich eine Maßlosigkeit der historischen Selbstreflexion, die die Maßlosigkeit politischer Zukunftsprogramme unterstützte und förderte; wenn die mittelalterlichen Kaiser nach Auffassung Giesebrechts über die anderen Völker geboten, weshalb sollte der Kaiser des neuen deutschen Reichs dies nicht ebenfalls tun?

Aber überraschender ist, daß selbst die deutsche Geschichtswissenschaft, deren positivistische und quellenkritische Tugenden im 19. Jahrhundert über Europa hinaus als vorbildlich galten, zur Kritik der von ihr selbst in die Welt gesetzten Mythen nicht fähig war. Die naive Gleichsetzung der Germanen mit den Deutschen, die Begeisterung, wenn in mittelalterlichen Quellentexten Begriffe wie »deutsch« und »Nation« auftauchten, wobei dann alle quellenkritische Rücksicht vergessen war, die Verdrängung der Legitimationsbasis des mittelalterlichen westlichen Kaisertums, die nicht deutsch und nicht völkisch, sondern christlich und römisch war – ein »deutsches Kaisertum«, ein »deutsches Mittelalter« hat es, trotz Giesebrecht, nie gegeben –, alles das galt bis weit ins 20. Jahrhundert hinein als gesichertes historisches Wissen und ist nie Gegenstand wirklicher wissenschaftlicher Kontroversen gewesen.

Die größte Debatte des 19. Jahrhunderts über das deutsche Geschichtsbild, die 1861 zwischen dem Münchener Historiker Heinrich v. Sybel und dessen

Innsbrucker Kollegen Julius v. Ficker über die Beurteilung der mittelalterlichen Kaiserpolitik stattfand, handelte nicht von der Frage, »wie es eigentlich gewesen« sei, sondern davon, ob die Stauferkaiser richtig gehandelt hatten, als sie ihre Politik auf Italien richteten (wie der großdeutsch und habsburgisch gesinnte Ficker meinte), oder ob sie sich nicht lieber der deutschen Innenpolitik und der Ostkolonisation hätten widmen sollen (so die Ansicht des preußisch-kleindeutsch denkenden Sybel): ein Historikerstreit, in dem es nicht um wissenschaftliche Tatsachen, sondern um politische Urteile ging und der damit zum Vorbild wurde für weitere deutsche Historikerstreits bis in die unmittelbare Gegenwart.[38]

Der Bismarck-Staat –
Vollendung der deutschen Geschichte?

Die verschiedenen deutschen Geschichten, die im Laufe des 19. Jahrhunderts in den Werken der deutschen Historiker entstanden und ihre politischen Wirkungen entfalteten, überdauerten, solange der deutsche Nationalstaat bestand, also bis 1945, und es ist sonderbar, wie stark dieser fast zufällig ins Leben getretene Staat, der gerade ein dreiviertel Jahrhundert überdauerte, das Denken über die deutsche Geschichte als Ganzes beherrscht. Ein paar für Preußen verlorene Schlachten, ein anderer Ausgang des preußischen Verfassungskonflikts, ein anderes Ergebnis des Krimkriegs, wodurch andere internationale Rahmenbedingungen für die Gestaltung Mitteleuropas gesetzt worden wären: Bismarcks Schöpfung wäre nicht entstanden.

So aber stellte sich das zweite Kaiserreich in den Köpfen seiner Historiker wie in denen seiner Bürger als Fluchtpunkt der deutschen Geschichte dar, ein teleologisches Ziel, das allerdings auch nach 1871 immer utopische Aspekte beibehielt, denn die deutsche Geschichte konnte ja nicht zu Ende sein. Nach der Herstellung der äußeren Einheit des deutschen Staats mußte die innere Einheit kommen, die Versöhnung der sozialen, wirtschaftlichen, politischen, konfessionellen und regionalen Gegensätze, die die ernüchternde Wirklichkeit des Bismarck-Reichs darstellten. Man kann beispielsweise am Werk Friedrich Meineckes ablesen, wie wichtig gerade für einen liberalen deutschen Historiker der Nationalstaat war, weil nur dieser Staat die innere Einheit der Nation herstellen konnte; deshalb war es kein Widerspruch, daß Meinecke, wie andere nationalliberale Historiker auch, in der Monarchie Wilhelms II. ein Unglück sah, weil die sozialen und politischen Ungerechtigkeiten zunahmen, und zugleich den Ausbruch des Ersten Weltkriegs begrüßte, weil nur unter dessen Druck die Einheit des deutschen Staats vollendet werden konnte.[39]

Und als der Krieg verloren und der Bürgerkrieg die Wirklichkeit der Republik von Weimar war, blieb der Weg zum Nationalstaat im Mittelpunkt des historischen Denkens; jetzt war es das 19. Jahrhundert, das die Bezüge für Gegenwart und Zukunft lieferte, der Widerstand gegen Napoleon, der Befreiungskrieg von 1813, die preußischen Reformen, die im Sinne liberaler innenpolitischer Erneuerung gesehen wurden, die großdeutsche Idee, die in der Weimarer Zeit gerade den deutschen und österreichischen Demokraten und Sozialisten als Ausweg aus dem Elend der Gegenwart galt, und schließlich Bismarcks Reichsgründung. Der Reichsgründungstag, der 18. Januar 1871, war nach wie vor akademischer Feiertag, und er wurde regelmäßig

Je mehr Trivialität ein Mythos erträgt, desto wirksamer ist er: Wilhelm II. in friderizianischem Ballkostüm, der Weltkriegsgefreite Hitler am »Tag von Potsdam« beim Händedruck mit dem preußischen Generalfeldmarschall v. Hindenburg, appellieren an ein kollektives Selbstgefühl des nationalen Bürgertums, das sich aus den preußischen Legenden und Geschichten speist.

von Historikern genutzt, um die glanzvolle Entstehung des Nationalstaats als Ergebnis eines militärischen Siegs mit der tristen Geburt der Weimarer Republik, der Frucht einer Niederlage, zu vergleichen.

Mit der Machtergreifung Hitlers änderten sich die Perspektiven deutscher Politik revolutionär; nicht mehr die Hegemonie des Nationalstaats in der Mitte Europas, sondern die Weltherrschaft der germanischen Rasse sollte Zukunft sein. In den Werken der Historiker trat jetzt der hegelianische Staatsabsolutismus zugunsten der Idee Fichtes vom germanisch-deutschen Urvolk zurück. Selbst ehemals entschieden liberale Historiker wie Wilhelm Mommsen oder Siegfried Kähler schwärmten nun von der »Volksgemeinschaft«, die nach den Erschütterungen der Weimarer Zeit endlich zur inneren Einheit der Nation führen würde.

Das hieß nicht, daß die deutsche Geschichtswissenschaft insgesamt nationalsozialistisch geworden wäre; manche Anpassungstendenzen waren rein äußerliche Zugeständnisse ohne innere Veränderung. Eine eigentlich nationalsozialistische Geschichtswissenschaft gab es nicht, nationalsozialistische Historiker blieben Außenseiter ihrer Zunft. Gerade auf diese Weise wurde deutlich, wie nützlich die traditionelle Ausrichtung der deutschen Geschichtswissenschaft auch für Hitlers Staatswesen war; war das Geschichtsbild eines Hochschullehrers im großen und ganzen auf der Linie

Germanentum – Preußentum – Reichsidee – Staatsidee – Erwachen von Volk und Nation anzusiedeln, dann war er im Sinne des Regimes brauchbar. Viele demokratische und jüdische Historiker sind in die Emigration getrieben worden, manche verloren ihre Lehrstühle oder mußten sich aus der Öffentlichkeit zurückziehen; doch insgesamt konnten die deutschen Historiker das »Dritte Reich« verhältnismäßig ungeschoren überstehen, denn ihre nationalgeschichtlichen Perspektiven waren auch den braunen Machthabern genehm, störten jedenfalls nicht.[40]

Plus ça change …

Das war die »deutsche Katastrophe«, wie Friedrich Meinecke die Jahre des nationalsozialistischen Regimes und deren Ergebnisse genannt hat. Die Katastrophe, die Meinecke in seinem Essay von 1946[41] beklagte, bestand nicht allein im politischen und militärischen Geschehen der Zeit, sondern in erster Linie im Auseinanderfallen von Nationalgeschichte und Sittlichkeit, von Macht und Geist. Der Traum von der deutschen Nationalgeschichte hatte eine große Verheißung für die Zukunft der deutschen Nation enthalten; die Wirklichkeit war von Niederlagen, Zusammenbrüchen und Verbrechen verdunkelt. Die nationalen Träume vom Reich aller Deutschen waren im Alptraum des »Großdeutschen Reichs« Adolf Hitlers Wirklichkeit geworden; der Weg zur Einheit des deutschen Volks hatte in Unterdrückung, Verfolgung und Ermordung der Außenseiter und Minderheiten gemündet; das Außerordentliche, Niedagewesene, das im Namen der deutschen Nation geschah, waren die Verbrechen von Auschwitz und Treblinka, und die Folge war die Zerschlagung des deutschen Nationalstaats.

Der Schweizer Historiker Jakob Burckhardt hatte

einst den »siegesdeutschen Anstrich« der deutschen Historie ironisiert; mit der Auflösung dieses Anstrichs fiel die deutsche Geschichte auseinander. Wenn Alfred Heuss 1959 vom »Verlust der Geschichte« sprach, dann meinte er nicht nur das Desinteresse der Deutschen an ihren historischen Wurzeln, sondern er beklagte auch, daß ein Zusammenhang deutscher Geschichte, der vom Mittelalter in die unmittelbare Gegenwart führte, nicht mehr erkennbar sei. Die Zukunft der Nation war zerbrochen, Nationalgeschichte daher sinnlos.[42]

Daß hiermit auch die Chance neuer Sichtweisen auf die deutsche Geschichte gegeben war, zeigte sich erst verhältnismäßig spät; wie tief noch Anfang der sechziger Jahre die selbstverständliche Gleichsetzung von nationalstaatlichen Traditionen und moralischen Werten saß, erwies sich anläßlich der Debatte um die Behauptung von Fritz Fischer, das Deutsche Reich habe die alleinige Schuld am Ausbruch des Ersten Weltkriegs getragen; auch bei dieser Historikerdebatte überwucherte die moralische Entrüstung die geschichtswissenschaftliche Problematik.[43] Aber die nationalstaatlichen Deutungen der deutschen Geschichte traten doch in der Geschichtswissenschaft zurück; Wege abseits der Nationalgeschichte boten sich an.

Da war vor allen Dingen der Siegeszug der Wirtschafts- und Sozialgeschichte, durchaus im Einklang mit weltweiten Entwicklungstendenzen der Geschichtswissenschaft, in Deutschland besonders

Lust an Geschichte – Orientierungsbedürfnis oder nostalgischer Oberflächenreiz? Während die deutsche Nationalgeschichte in ihren Umrissen verschwimmt, wächst das massenhafte Bedürfnis nach anschaulicher Historie, wie hier auf der Berliner Preußen-Ausstellung von 1981. Doch historische Ausstellungen, Museen, Bil-

der, Filme sind ungeeignet, in den Köpfen der Betrachter fertige Geschichtsbilder zu erzeugen. Was bleibt, ist das Vergnügen an dem bunten Bilderbogen der Geschichte – zum Mißfallen der politischen Volkspädagogen jeder Couleur.

deshalb erfolgreich, weil eine ganze Generation jüngerer Historiker die Meinung vertrat, die Gründe für die »deutsche Katastrophe« lägen in erster Linie in einer sozialökonomischen Sonderentwicklung Deutschlands seit Ende des 18. Jahrhunderts.[44] Allerdings führte das dazu, daß man an die Stelle der *legenda aurea* der traditionellen Nationalgeschichtsschreibung eine *legenda nigra* eines bösen, total verfehlten deutschen Sonderwegs setzte, dabei aber ganz im herkömmlichen nationalstaatlichen Rahmen blieb; Thomas Nipperdeys polemischer Ausfall gegen den Meister der deutschen »Historischen Sozialwissenschaft«, Hans-Ulrich Wehler, der in der Bezeichnung »Treitschke redivivus« gipfelte,[45] war nicht aus der Luft gegriffen.

Andere Historiker entwickelten die alte Geschichtsperspektive der deutschen Arbeiterbewegung weiter: Da gab es nicht *eine* deutsche Geschichte, sondern deren zwei. Die eine war gut, fortschrittlich und emanzipatorisch, führte von den Bauernaufständen des frühen 16. Jahrhunderts über die Aufklärung der Revolution von 1848 zur Arbeiterbewegung und ihren Parteien, umfaßte auch den Widerstand gegen den Nationalsozialismus und die Insassen der Konzentrationslager und mündete nach der liberalen und sozialdemokratischen Version im Bonner Grundgesetz, nach einer schärfer marxistischen in einer sozialistischen und radikaldemokratischen Zukunft der Bundesrepublik

Deutschland. Die zweite dieser beiden deutschen Geschichten ist dagegen schlecht, weil reaktionär, handelt von Ausbeutung und Unterdrückung und gipfelt in Kapitalismus und Faschismus. Diese Interpretation erfreute sich eine Zeitlang auch staatlicher Unterstützung, die vor allem in der Gründung der »Gedenkstätte der deutschen Freiheitsbewegungen« in Rastatt sichtbar wurde, ein Deutsches Historisches Museum der siebziger Jahre.[46]

Weniger erfolgreich war der Versuch, an Traditionen der alten Reichsgeschichte anzuknüpfen und von dort her die Zukunft eines christlichen Abendlands als Barriere gegen Kommunismus, Sowjet-Imperialismus und Coca-Cola-Kultur zu begründen.[47] Diesem über der nationalen Ebene liegenden Ansatz entspricht seit Ende der siebziger Jahre der Versuch, historische Kontinuität unterhalb des Nationalstaats zu finden: Regional- und Lokalgeschichte erfreuen sich großer Beliebtheit, die »Heimat« wurde historiographisch salonfähig, der Krämerladen an der Ecke avancierte zum historischen Subjekt, »Geschichte von unten« und »Alltagsgeschichte« verstehen sich als Opposition zur hergebrachten Politik- und Staatsgeschichte.[48]

Zugleich wurden die Voraussetzungen der alten nationalen Geschichtsbilder einer rücksichtslosen, oft radikalen Revision unterworfen. Kelten und Slawen erschienen in der Vorgeschichtsforschung gleichberechtigt neben den Germanen, der römische Einfluß auf die germanischen Stämme der Völkerwanderungszeit wird hervorgehoben. Daß die Grundlagen des Heiligen Römischen Reichs mit nationalstaatlichen Prinzipien wenig zu tun hatten, ist mittlerweile weitgehend akzeptiert, desgleichen, daß die »Achsenzeit« zwischen dem Ancien régime und dem revolutionären 19. Jahrhundert einen tiefen Einschnitt zwischen Altem Reich und deutschem Nationalstaat darstellt. Auch der Nationalstaat Bismarckscher Prägung hat seine frühere Gloriole verloren; er erscheint in der Forschung als sozial und regional zersplittert, zusammengehalten hauptsächlich durch die liberalen Parteien, den wirtschaftlichen Erfolg und eine Obrigkeit, die den Staatsstreich als Ultima ratio der Innenpolitik stets im Auge behielt. An die Stelle früherer Kontinuitätsvorstellungen ist die Einsicht getreten, daß die Geschichte Mitteleuropas durch scharfe Kontinuitätsbrüche gezeichnet ist; die eingangs zitierten Schwierigkeiten, eine deutsche Geschichte zu entdecken, haben also nicht nur politische, sondern oft auch gute sachliche Gründe.[49]

Die deutsche Geschichte muß entnationalisiert werden

Eine Zeitlang war es für die Bewohner Westdeutschlands ein komfortabler Zustand, die Geschichte zu verdrängen, die Gegenwart mit ihren hohen industriellen Wachstumsraten und dem zunehmenden Massenwohlstand zu genießen und etwas erstaunt die übrige Welt zu betrachten, in der das Prinzip der nationalen Identität ungebrochen herrscht und seine politische Wirksamkeit Tag für Tag unter Beweis stellt. Die Deutschen, obwohl auf einem äußerst exponierten Posten der Weltpolitik beheimatet, schienen in allen ihren politischen Entscheidungen nur den einen Wunsch auszudrücken, keine Entscheidungen treffen zu müssen und in Ruhe gelassen zu werden.

Aber dieser Zustand bekömmlicher innerer Prosperität und seliger außenpolitischer Verantwortungslosigkeit änderte sich seit Mitte der siebziger Jahre. Die problemlose Einbettung der Bundesrepublik Deutschland in ein stabiles Bündnissystem ging ebenso zu Ende wie der lange Wirtschaftsboom der Nachkriegszeit. Unruhe, Angst, Identitätszweifel und Orientierungsverlust erschüttern die Gesellschaft. In solchen Zeiten wächst das Bedürfnis nach kollektiver Identität. Jetzt rächt sich neben anderem der jahrzehntelange Verzicht der Deutschen auf ihre Geschichte, denn der Stolz auf olympische Goldmedaillen und wirtschaftliche Leistungsbilanzen trägt nicht mehr. Was sind die Bewohner der Bundesrepublik Deutschland: Deutsche, Westdeutsche, Bundesrepublikaner, Europäer? Wohin gehören sie: zum atlantischen Westen oder zur europäischen Mitte? Welches soll ihre Zukunft sein: die amerikanisch dominierte westliche Allianz? Ein Europa der Europäer? Ein Mitteleuropa zwischen West und Ost? Ein wiedervereinigtes Deutschland? Das sind Fragen, denen sich nicht nur die Bewohner der Bundesrepublik Deutschland zu stellen haben; auch die Politiker und Publizisten des übrigen Europa wären ruhiger, wenn sie auf diese Fragen klare Antworten erhielten.

Die Sorge um die eigene Identität, die seit einigen Jahren so viele Deutsche beunruhigt und in den hohen Auflagen historischer Buchreihen wie in den enormen Erfolgen historischer Ausstellungen ihren Ausdruck findet, ist ein ebenso »linkes« wie »rechtes« Phänomen; während Konservative sich um den verlorenen Nationalstaat grämen, träumen Pazifisten und Grüne von einer deutschen Friedensoase inmitten Europas, von einer friedlichen Konföderation der beiden deutschen Staaten, und manchmal kommt es in dieser Frage zu den sonderbarsten Übereinstimmungen zwischen Linken und Rechten. In gewisser Hinsicht besteht eine ähnliche

Situation wie zu Beginn des 19. Jahrhunderts, als die Suche nach einer neuen Orientierung für die Zukunft zur Entdeckung einer nationalen Vergangenheit führte. »Die Deutschen«, sagt Nietzsche, »sind von vorgestern und von übermorgen – sie haben noch kein Heute.«[50] Und das gilt nicht nur für die Bundesrepublik Deutschland, sondern auch für die DDR, wo die deutsche Vergangenheit in oft überraschend traditioneller und unkritischer Weise neuentdeckt und zur Legitimation des real existierenden Sozialismus herangezogen wird.[51]

Mit dieser erneuten Wendung zur Geschichte, verbunden mit der zunehmenden Virulenz der deutschen nationalen Frage, wachsen die Gefahren. Wo wieder das Bewußtsein der Nation geweckt wird, da wuchern wie früher die Mythen und Legenden. Schon häufen sich Anzeichen für ein neues deutsches Sonderbewußtsein, für den Glauben, in Mitteleuropa zwischen Ost und West eine schicksalhafte Mission zu haben. Jetzt, da die lange Nachkriegszeit zu Ende gegangen ist und die Suche nach der nationalen Geschichte begonnen hat, ist es Sache der Historiker, anders als ihre Vorgänger im 19. Jahrhundert politische Wünsche nicht zu befriedigen, sondern sie kritisch zu überprüfen. Der Entwurf eines einheitlichen, stromlinienförmigen Bildes der deutschen Nationalgeschichte ist heute nicht mehr möglich; die Traditionsbrüche und Diskontinuitäten sprechen ebenso dagegen wie die Erkenntnis, daß ein einheitliches nationales Geschichtsbild in einer pluralistischen und demokratischen Gesellschaft erfolglos bleiben muß. Die Frage kann heute nicht mehr lauten: Was ist die deutsche Geschichte? Sie muß vielmehr lauten: Wie weit ist der Spielraum, innerhalb dessen wir über deutsche Geschichte reden können?

Dabei ist deutlich, daß der deutsche Nationalstaat keineswegs das alleinige Richtmaß deutscher Geschichte sein kann; wäre dies der Fall, gäbe es die deutsche Geschichte erst frühestens seit der Zeit, in der der Nationalstaat ein klar beschriebenes Ziel war, also nicht vor Beginn des 19. Jahrhunderts.

Andererseits reichen durchaus Kontinuitäten in frühere Zeiten zurück, allen politischen Unterbrechungen zum Trotz. Der geographische Raum Mitteleuropa war gerade dadurch, daß er im Gegensatz zur europäischen Peripherie bis 1871 immer einem bunten Flickenteppich glich und seit 1945 wieder in mehrere Staaten zerfallen ist, in negativer Weise eine politische Einheit. Die Zersplitterung der europäischen Mitte war jahrhundertelang Voraussetzung des europäischen Gleichgewichts, mithin Sache aller europäischen Mächte; daraus folgt, daß die Geschichte dieses Raums mit seinen vielfältigen, verwirrenden, einander überlagernden politischen Strukturen nur im Zusammenhang mit der Geschichte ganz Europas zu begreifen ist.

Die deutsche Geschichte muß also, um ihre Zusammenhänge zu finden, entnationalisiert werden. Das gilt besonders für den zweiten Strang der historischen Kontinuität, die Kulturgeschichte. Denn trotz der territorialen Zersplitterung Mitteleuropas gibt es hier seit dem Mittelalter eine zusammenhängende kulturelle Tradition auf der Grundlage der deutschen Sprache. Wenn es, wieder einmal nach Nietzsche, die Deutschen kennzeichnet, daß bei ihnen die Frage nie ausstirbt, was eigentlich deutsch sei, so gibt es doch eine sichere Antwort auf diese Frage: die deutsche Sprache. Aber auch hier muß vor allen Versuchen einer nationalen Verengung gewarnt werden. Die deutsche Sprache war zunächst eine Volkssprache; wo sie auf die Ebene der literarischen Elite gehoben wurde und in kulturelle Denkmäler gerann, da sind ihre mittelalterlichen Zeugnisse ohne Anregungen und direkte Übertragungen aus dem Französischen nicht denkbar – das gilt für die höfische Minnelyrik nicht weniger als für den ritterlichen Versroman, der fast immer aus dem Umkreis der westeuropäischen Artus-Sage stammt.

Und diese direkte oder indirekte Abhängigkeit von anderen Literaturen bleibt typisch für die deutsche Kulturgeschichte; lateinische, französische, spanische und englische Vorbilder wechseln sich ab. Selbst die Kultur der Weimarer Republik, die von ihren heutigen Bewunderern gerne für besonders typisch deutsch gehalten wird, ist ohne die französische Avantgarde des Fin de siècle ebensowenig denkbar wie ohne die transatlantische Trivialkultur. Nur in wechselseitigem Zusammenhang mit der europäischen Kultur ist die Entwicklung der deutschen Sprache und der deutschen Literatur denkbar, ohne diese eigentlich kosmopolitische Kultur war die Entstehung des deutschen Bildungsbürgertums im 18. Jahrhundert nicht möglich, und auch nicht der deutsche Nationalstaat des 19. Jahrhunderts. Im übrigen empfiehlt es sich auch aus einem weiteren Grund, die deutsche Kulturgeschichte zu entnationalisieren: wie sonst sollen wir heute von Österreich, der Deutsch-Schweiz oder vom Elsaß reden, ohne großdeutscher Ambitionen bezichtigt zu werden? Die deutsche Kultur- und Sprachgemeinschaft kann nicht die Identität eines Nationalstaats begründen – dieser Versuch ist im Laufe der vergangenen zwei Jahrhunderte exemplarisch mißlungen.

Von Deutschland reden heißt, von Europa zu reden

Zur Beleuchtung der Beziehung von Europäischem und Deutschem soll ein Beobachter zu Wort kommen, dessen Kompetenz in dieser Frage unumstritten ist, und der, an der Schwelle vom weltbürgerlichen 18. zum nationalistischen 19. Jahrhundert stehend, Vergangenheit und Zukunft zugleich überblickte.

Im Jahr 1808 entwickelte die Königlich Bayerische Schulbehörde den Plan, zur Vereinheitlichung des Schulunterrichts eine Sammlung deutscher Nationalliteratur anzulegen, weil, wie es hieß, »uns das natürliche Band einer Nation, das gemeinschaftliche Interesse am geistigen National-Eigentum, an den National-Liedern und damit auch das natürlichste gemeinschaftliche Bildungsmittel ganz fehlt«.[52]

Zur Verwirklichung dieses Plans wandte man sich an den besten Experten jener Zeit, also an Johann Wolfgang Goethe.

Goethe war interessiert. Zwar wurde nichts aus dem Projekt, aber es gibt einige Aufzeichnungen Goethes, die vielleicht erklären, weshalb in der Zeit des beginnenden Nationalismus ein deutsches

Nationalbuch mit seiner Hilfe nicht zustandekommen konnte. »Keine Nation, am wenigsten vielleicht die deutsche, hat sich aus sich selbst gebildet«, heißt es in seinen verstreuten Notizen; an anderer Stelle: »Bedenkt man, daß so wenige Nationen überhaupt . . . Anspruch an absolute Originalität zu machen haben; so braucht sich der Deutsche nicht zu schämen, der seine Bildung von außen erhalten hat. Ist doch das fremde Gut unser Eigentum geworden. Ja man müßte ausdrücklich auf Verdienste fremder Nationen hinweisen, weil man das Buch ja auch für Kinder bestimmt, die man besonders jetzt früh genug auf die Verdienste fremder Nationen aufmerksam zu machen hat.« Und schließlich: »Der Deutsche hat keine Nationalbildung, er hat Weltbildung.«[53]

Goethe konnte erkennen, was wir nach dem Zerfall des deutschen Nationalstaats erst mühsam wieder lernen müssen: Deutsche Politik und deutsche Kultur waren zu allen Zeiten abhängig von den Einflüssen europäischer Politik und europäischer Kulturen, Einflüsse, die von allen Seiten in die Mitte Europas hineinströmten, dort aufgenommen, zu eigenem verarbeitet und wieder ausgestrahlt wurden. Vielleicht liegt es an der traditionellen Beschränkung unseres Blicks auf Mitteleuropa allein, daß uns die Frage nach der deutschen Geschichte so schwierig scheint. Im europäischen Zusammenhang jedenfalls gewinnt die deutsche Geschichte, was ihr als Nationalgeschichte fehlt: Eigenart und Kontinuität.

Anmerkungen

1 H. Kesting: Der Befreier Arminius im Lichte der geschichtlichen Quellen und der wissenschaftlichen Forschung, 16. Aufl. (!), Detmold 1984, S. 3, 128

2 Ernest Renan: Que est-ce qu'une nation?, Paris 1882, S. 12

3 Verhandlungen des Deutschen Bundestages, 6. Wahlperiode. Stenographische Berichte Bd. 79, S. 9837 C

4 Erhard Eppler, in Ebd., S. 9842 B-9843 A

5 Franz-Joseph Strauß (CSU), darin ausdrücklich unterstützt durch Horst Ehmke (SPD), in Ebd., S. 9867 C-9870 C

6 Ebd., S. 9877 D-9881 A

7 H. Schulze: Der Oststaat-Plan 1919, in: Vierteljahrshefte für Zeitgeschichte, 18 (1970), S. 123-163

9 K.-G. Faber: Zur Instrumentalisierung historischen Wissens in der politischen Diskussion, in: R. Koselleck, W. J. Mommsen, J. Rüsen (Hrsg.): Objektivität und Parteilichkeit (= Theorie der Geschichte 1), München 1977, S. 270-318; Wolfgang Bach: Geschichte als politisches Argument. Eine Untersuchung an ausgewählten Debatten des Deutschen Bundestags, phil. Diss. Münster 1976; Hermann Lübbe: Der Streit um Worte, in Ders.: Bewußtsein in Geschichten, Freiburg 1972, S. 151-174

10 Nach J. Seibt: Monolog über Räume, in: Frankfurter Allgemeine Zeitung, 14.10.1986

11 Goethe und Schiller: Xenien 1796, hrsg. v. E. Schmid und B. Suphan, Weimar 1893, S. 14

12 Heinrich Heine: Über Ludwig Börne, in: Werke, hrsg. v. M. Greiner, Bd. 2, Berlin/Köln 1962, S. 752-753

13 Fürst R. Metternich/A. Klinckowstroem (Hrsg.): Aus Metternichs nachgelassenen Papieren, 4 Bde., Wien 1880-84, Bd. I, S. 254

14 »Le 17 Septembre 1985, au Mont Beuvray François Mittérand, Président de la Republique, a proclamé site national Bibracte, haut-lieu de l'histoire de France. Ici s'est faite l'union des chefs gaulois autour de Vercingetorix.« Text eines Gedenksteins auf dem Mont Beuvray bei Autun

15 F. Braudel: La Méditerranée et le monde méditerranéen à l'époque de Philippe II, Paris 1949, Bd.I, S. 18

16 J. Fried: Deutsche Geschichte im früheren und hohen Mittelalter. Bemerkungen zu einigen neuen Gesamtdarstellungen, in: HZ 245 (1987), S. 630

17 E. Müller-Mertens: Regnum Teutonicum. Aufkommen und Verbreitung der deutschen Reichs- und Königsauffassung im frühen Mittelalter, Wien 1970; I. Strasser: Diutisk – deutsch. Neue Überlegungen zur Entstehung der Sprachbezeichnungen, Wien 1984; L. Weisberger: Deutsch als Volksname. Ursprung und Bedeutung, Stuttgart 1953

18 B. Zientara: Populus – Gens – Natio. Einige Probleme aus dem Bereich der ethnischen Terminologie des frühen Mittelalters, in O. Dann (Hrsg.): Nationalismus in vorindustrieller Zeit, München 1986, S. 11-20; H. Beumann: Zur Nationenbildung im Mittelalter, in Ebd., S. 21-34; H. Beumann, W. Schröder (Hrsg.): Aspekte der Nationalbildung im Mittelalter, Sigmaringen 1978; K.-F. Werner: Les nations et le sentiment national dans l'Europe médiévale, in: Revue historique 244 (1979), S. 285-304

19 G. Kaiser: Pietismus und Patriotismus im literarischen Deutschland, Frankfurt/M. 1973; W. Frühwald: Die Idee kultureller Nationsbildung und die Entstehung der Literatursprache in Deutschland, in O. Dann (Hrsg.): Nationalismus in vorindustrieller Zeit, München 1986, S. 129-142

20 F. v. Schiller: Deutsche Größe, in: Sämtliche Werke, I, München 1960, S. 129

21 Chr. D. Grabbe: Die Hermannsschlacht, in: Werke und Briefe, Bd. III, Darmstadt 1961, S. 353 f.

22 Zur Entstehung und Geschichte der deutschen Nationalbewegung im 19. Jahrhundert s. H. Schulze: Der Weg zum Nationalstaat, München 1985

23 F. L. Jahn: Deutsches Volkstum, Lübeck 1810, S. 76

24 J. G. Herder: Auch eine Philosophie der Geschichte zur Bildung der Menschheit, in: Sämtliche Werke, hrsg.v. B. Suphan, Bd. V, Berlin 1885

25 J. Godechot: La Grande Nation. L'expansion révolutionnaire de la France dans le monde, Bd. I, Paris 1956, S. 10-11, 166 bis 270

26 J. G. Fichte: Reden an die deutsche Nation, Berlin 1808

27 H. Luden: Geschichte des Teutschen Volkes, 12 Bde., Gotha 1825-1829

28 A. Schröcker: Die deutsche Nation. Beobachtungen zur politischen Propaganda des ausgehenden 15. Jahrhunderts, Lübeck 1974

29 Chr. M. Wieland: Der allgemeine Mangel deutschen Gemeinsinnes. Vorrede zu Schillers Historischem Calender für Damen für das Jahr 1792, Leipzig 1792, S. 118

30 W. v. Humboldt: Über die Behandlung der Angelegenheiten des Deutschen Bundes durch Preußen, 30.9.1816, in: Gesammelte Werke, XII, S. 53 f.

31 G. G. Iggers: Deutsche Geschichtswissenschaft, München 1971, S. 120-162; G. P. Gooch: History and Historians in the Nineteenth Century, 2nd. ed. London 1958, S. 141-169; H. Schleier: Die kleindeutsche Schule (Droysen, Sybel, Treitschke), in J. Streisand (Hrsg.): Studien über die deutsche Geschichtswissenschaft von 1800 bis 1871, Bd. I, Berlin (-Ost) 1969, S. 271-310

32 J. G. Droysen: Geschichte der preußischen Politik, 5 Teile in 14 Bänden, Leipzig 1855-1886; siehe auch G. Birtsch: die Nation als sittliche Idee. Der Nationalstaatsbegriff in der Geschichtsschreibung und politischen Gedankenwelt J. G. Droysens, Köln 1964

33 Frhr. vom Stein: Über die deutsche Verfassung. Denkschrift, 18.9.1812, in: Briefe und amtliche Schriften, hrsg.v. E. Botzenhardt und W. Hubatsch, Bd. III, Stuttgart 1961, S. 745-751

34 W. Giesebrecht: Geschichte der Deutschen Kaiserzeit, Bd. I, Leipzig 1855, S. 9

35 L. Kerssen: Das Interesse am Mittelalter im deutschen Nationaldenkmal, Berlin 1975; G. Salomon: Das Mittelalter als Ideal in der Romantik, Berlin 1922; F. Sengle: Das deutsche Geschichtsdrama, Stuttgart 1952; T. Nipperdey: Nationalidee und Nationaldenkmal in Deutschland im 19. Jahrhundert, in HZ 206 (1968), S. 531-585; H. Zimmer: Auf dem Altar des Vaterlandes. Religion und Patriotismus in der deutschen Kriegslyrik des 19. Jahrhunderts, Frankfurt 1971

36 Das läßt sich besonders gut am ikonographischen Programm der Wandgemälde des 19. Jahrhunderts in der Kaiserpfalz zu Goslar zeigen, in der die Taten des Hohenzollern Wilhelm I. und des Staufers Friedrich I. durch kunstvolle Symbolik miteinander verbunden erscheinen, siehe: M. Arndt: »Der Weißbart auf des Rotbarts Throne«. Mittelalterliches und Preußisches Kaisertum in den Wandbildern des Goslarer Kaiserhauses, Göttingen 1977

37 Merkwürdigerweise sind die Geschichtsbilder Wilhelms II. bisher nicht untersucht worden, obwohl die Geschichtssüchtigkeit des Kaisers von seiner Verkleidungsmanie bis zu seinem Bedürfnis, jede politische Handlung durch Rückgriff auf historische Beispiele zu rechtfertigen, eine solche Untersuchung zu einem Desiderat macht. Leider geht auch J. C. G. Röhl: Kaiser, Hof und Staat. Wilhelm II. und die deutsche Politik, München 1987, auf diesen wichtigen Aspekt nicht ein.

38 F. Schneider: Universalstaat oder Nationalstaat. Die Streitschriften von H. v. Sybel und Julius Ficker zur deutschen Kaiserpolitik des Mittelalters, Innsbruck 1941; G. Koch: Der Streit zwischen Sybel und Ficker, in J. Streisand (Hrsg.): Studien über die deutsche Geschichtswissenschaft von 1800 bis 1871, Bd. I, Berlin (-Ost) 1969, S. 311-338

39 F. Meinecke: Erlebtes, in: Werke VIII, Stuttgart 1969, S. 211 bis 218; E. Schulin: Friedrich Meinecke und seine Stellung in der deutschen Geschichtswissenschaft, in M. Erbe (Hrsg.): Friedrich Meinecke heute, Berlin 1981, S. 25-49; R. W. Sterling: Ethics in a world of Power, Princeton 1958

40 W. Tilgner: Volk, Nation und Vaterland im protestantischen Denken zwischen Kaiserreich und Nationalsozialismus, in H. Zilleßen (Hrsg.): Volk, Nation, Vaterland, Gütersloh 1970; B. Faulenbach: Ideologie des deutschen Weges. Die deutsche Geschichte in der Historiographie zwischen Kaiserreich; K. F. Werner: Das NS-Geschichtsbild und die deutsche Geschichtswissenschaft, Stuttgart 1967; H. Heiber: Walther Frank und sein Reichsinstitut für die Geschichte des neuen Deutschlands, Stuttgart 1966

41 F. Meinecke: Die deutsche Katastrophe, in: Werke VIII, Stuttgart 1969, S. 323-447

42 A. Heuss: Verlust der Geschichte, Göttingen 1959

43 Eine gute Zusammenfassung bietet W. Schieder (Hrsg.): Erster Weltkrieg. Ursachen, Entstehung und Kriegsziele, Köln 1959

44 G. G. Iggers: New Directions in European Historiography, Middletown/Conn. 1975, S. 97-156; G. Eley: Some recent Tendencies in Social History, in G. G. Iggers, H. T. Parker (Eds): International Handbook of Historical Studies, London 1980, S. 55-70

45 T. Nipperdey: Wehlers ›Kaiserreich‹. Eine kritische Auseinandersetzung, in: GG 1 (1975), S. 539-560

46 H. Boockmann: Die ›Erinnerungsstätte für die Freiheitsbewegungen in der deutschen Geschichte‹ in Rastatt, in: GWU 28 (1977), S. 285-291; eine ausgezeichnete Reflexion der Theorie von den zwei deutschen Geschichten liefert H. Grebing: Der ›deutsche Sonderweg‹ in Europa 1806-1945. Eine Kritik, Stuttgart 1987

47 H. Gollwitzer: Europabild und Europagedanke, München 1951; F. Xylander: Universalismus und Föderalismus. Zur Kulturkatastrophe des Abendlandes, München 1946; P. Rassow: Die geschichtliche Einheit des Abendlandes, Köln/Graz 1960; O. Brunner: Abendländisches Geschichtsdenken, Hamburg 1954; F. Heer: Die Tragödie des Heiligen Reichs, Wien/Zürich 1952; Ders., Die dritte Kraft, Frankfurt/M. 1959. Die kurze Blüte des christlich-abendländi-

schen Geschichtsbilds, die Anfang der sechziger Jahre zu Ende ging, hängt vermutlich mit den Hoffnungen der europäischen Einigungsbewegung und der besonderen Rolle der europäischen christlich-demokratischen Parteien im Frühstadium der Europa-Bewegung in den vierziger und fünfziger Jahren zusammen.

48 G. Paul, B. Schoßig (Hrsg.): Die andere Geschichte, Köln 1986; H. Heer, V. Ullrich (Hrsg.): Geschichte entdecken. Erfahrungen und Projekte der neuen Geschichtsbewegung, Reinbek 1985; H. Mommsen: Geschichtsbewußtsein in der Bundesrepublik, in U. Becher, K. Bergmann (Hrsg.): Geschichte – Nutzen oder Nachteil für das Leben, Düsseldorf 1986, S. 37-45

49 Zur Reflexion des Kontinuitätsproblems siehe H. Trümpy (Hrsg.): Kontinuität – Diskontinuität in den Geisteswissenschaften, Darmstadt 1973; E. Schulin: Die historische Zeit – Dauer und Wandel, in W. Conze et al. (Hrsg.): Funk-Kolleg Geschichte, Bd. I, Frankfurt/M. 1981, S. 263-288; R. Koselleck: ›Erfahrungsraum‹ und ›Erwartungshorizont‹ – zwei historische Kategorien, in Ders. (Hrsg.): Vergangene Zukunft, Frankfurt/M. 1979, S. 349-375

50 F. Nietzsche: Jenseits von Gut und Böse. Zur Genealogie der Moral, hrsg.v. G. Colli. M. Montinari, Berlin 1968, S. 188

51 G. Heydemann: Geschichtswissenschaft im geteilten Deutschland, Frankfurt/M. 1985; Ders., Geschichtswissenschaft und Geschichtsverständnis in der DDR seit 1945, in: Aus Politik und Zeitgeschichte, B. 13/1987, S. 15-30; J. Kuppe: Das Geschichtsbewußtsein in der DDR, in W. Weidenfeld (Hrsg.): Geschichtsbewußtsein der Deutschen, Köln 1987, S. 165-184

52 J. W. v. Goethe: Werke (=›Weimarer Ausgabe‹), Bd. XXXXII, Weimar 1897, S. 43

53 Ebd., S. 418-428

Hagen Schulze

Professor für Neuere Geschichte sowie Theorie der Geschichtswissenschaft am Friedrich-Meinecke-Institut der FU Berlin.
Wichtigste Veröffentlichungen: Freikorps und Republik 1918-1920; Otto Braun oder Preußens demokratische Sendung; Der Weg zum Nationalstaat.
In diesem Verlag erschien 1982 in der Reihe Siedler Deutsche Geschichte der Band »Weimar«.

Vorderes Vorsatz
»Die Wiedererrichtung des Deutschen Kaiserreiches durch Kaiser Wilhelm den Großen«, Fresko von Hermann Wislicerius in der Goslarer Kaiserpfalz, um 1875. Der kleindeutsche, großpreußische Nationalstaat als Erfüllung der deutschen Geschichte im Bildprogramm der Kaiserpfalz zu Goslar: Elsaß und Lothringen huldigen in allegorischer Gestalt dem neuen Kaiser Wilhelm I. und seinem Sohn und Nachfolger Friedrich III. Bismarck, »des Reiches Schmied«, und Kriegsminister Roon stehen für Staat und Armee; das Staatsvolk ist abwesend.

Hinteres Vorsatz
»Die Proklamierung des Deutschen Kaiserreiches«, Gemälde von Anton v. Werner, 1885.
Im Augenblick seiner Gründung ist der deutsche Nationalstaat sich selbst bereits historisch; die Kaiserproklamation zu Versailles gerät zur Allegorie des Heerkaisertums. Kaum etwas stimmt an Anton v. Werners Bild ; Bismarck war lediglich im blauen Interimsrock erschienen, Kriegsminister Roon, hier die jubelnde Generalität anführend, lag tatsächlich mit Grippe im Bett.

Schutzumschlag
Die Walhalla in Regensburg

Abbildungsnachweis:
Archiv für Kunst und Geschichte, Berlin: hinteres Vorsatz, 52, 53; Bildarchiv Preußischer Kulturbesitz: 41; Landesbauamt Regensburg: Schutzumschlag; Städtisches Museum Goslar (Foto: Voigt): vorderes Vorsatz, 25; Ullstein Bilderdienst, Berlin: 58/59; ZEFA, Düsseldorf: 16, 33.
Die übrigen Vorlagen stammen aus dem Archiv des Autors.

Der Siedler Verlag ist ein gemeinsames Unternehmen der Verlagsgruppe Bertelsmann und von Wolf Jobst Siedler.

CIP-Kurztitelaufnahme der Deutschen Bibliothek

Schulze, Hagen: Gibt es überhaupt eine deutsche Geschichte?/ Hagen Schulze. – Berlin Siedler 1989. (Corso bei Siedler).
ISBN 3-88680-324-4

 Satz: Bongé + Partner, Berlin. Ausstattung: H. P. Willberg, Eppstein/Ts. Reproduktionen: Faesser, Berlin. Druck und Buchbinder: Clausen & Bosse, Leck.
Printed in Germany 1989
ISBN 3-88680-324-4